Vesna Sucurovska
« Le Chien de Dougna n°5 »

Scène I

La science est inutile,
inintéressante et refusée.

Le Chien, Bénie et déjà Baptisé
Orthodoxe,
est un joyaux de sourires.

Un wouaph, wouaph, a plus de
poigts, qu'un bonjour.

« T'a la plus jolie des fourrure ! »
dit Dougna.

Comme il le sait, il n'en a cure.

Ainsi, il vit sa petite vie, avec
indolence.

« Il a de l'appétit ! » dit son mari.

Elle est ravie.

Rien ne vaut la prestance féstoyante
de cette race là.

Vesna Sucurovska
« Peut on parler de désinformation ?«

1/ Si on croule sous l'information,
c'est qu'on ne sait plus quelle est
la vrai, information.

2/ C'est ainsi, pour n'importe quel
humain.

3/ Et, ce pauvre humain, se sent
encore plus pauvre.

4/ Voudrait il, lever son doigt,
pour demander la parole, que
parmi toute les mains, il
passerait, inaperçu.

5/ Voudrait il, se dire, « moi, je »,
que l'on lui dirai, « mais on sait »,
et la porte serait fermée.

6/ Ainsi, sera, peut être le futur,
des humains, trop humains.

Vesna Sucurovska
« Le Temps des Anges «

.

Chapitre I

C'était au temps Béni,
quand il n'y avait que des Anges,
pas un seul Esprit, non,
seulement des Anges.

La couverture si douce
du Ciel, comme un couvercle
offert pour l'Univers.

Il n'y avait qu'à se pencher,
pour voir ce qui s'y passait.

Mais le plus bienheureux,
refuse de s'y pencher.

Ainsi, le temps n'est que de
quelques secondes, parce que
le Divin, on ne le veut point.

Quand à la danse des Anges,
elle se fit si engourdissante,
que personne ne pu s'y
reconnaître.

Dougna, peut être, avait le sens
de la répartie ?

Mais à quoi, donc, sert la répartie,
si l'on pousse les Anges
à partir ?

Mystère !

Chapitre II

Aucune musique n'est plus merveilleuse
que celle des Anges, mais faut il être
musicien pour noter, ou bien, faut il,
comploter ?

Rien ne sert de voyager, assurément,
si la terre ferme, est loin d'être, férme.

Quand tu pensait, la voici qui parle,
tu te demandait, à t'elle une seule
parole ?

Mais, dites, donc, si on parles
dix ou douze langues, combien
de paroles a t'on ?

Et, les Anges, se sont bien amusés,
pendant que Dougna, elle, était
à la sagesse.

« Un vend de sagesse, cela est
une forme de surréalisme, encore
plus appétissant ! »

Chapitre III

Quand ton chien deviens, savant,
est il plus proche du terrestre,
ou du spirituel ?

Cela a très peu d'importance,
sachant qu'un animal est civilisé,
aussi, dès la naissance.

Le plus drôle, c'est quand tu veut
lui parler en plusieurs langues.

« Il ne sait de quel coté se tourner ! »

A savant, savant et demi !

Chapitre IV

Dougna s'octroyait un temps de réflexion, parce que son travaille, c'était justement, la réflexion.

« Ça s'achète où, la réflexion ? »

Qui sait, il n'y a peut être pas encore de point de vente assez surréaliste ?

« Ding, dingue, dong ! »

Cela doit être un son pour la saison qui s'attribue ce que de droit (comme si, on avait des droits!).

Chapitre V

Il faut croire, que moi même,
je ne comprend pas, quand, d'autres
disent comprendre, ce que je dis,
c'est le summum du summum,
de l'incompréhension, dirait
Dougna.

C'est que, parler pour ne rien dire,
ça occupe, beaucoup de monde !

Comme quoi, la Tour de Babelle,
est bien là où il se doit
(enfin, bref !).

Dougna, c'est seulement pour
les filles, pas pour les garçons.

« En voilà, des bonnes manières ! »

Un humour, qui se comprend
lui même.

Chapitre VI

Peut être que ce n'est pas très utile
les chiens, mais c'est fort civilisé,
plus que certains humains.

« Ah, le beau temps des cerises ! »

Car, c'est toujours le beau temps,
avec les chiens.

Chapitre VII

Il y en a qui s'imaginent, tellement
de choses, c'est incroyable,
comme si, par exemple, ils lisaient
un livre sur le bricolage, ces gens là,
ils voudraient aller « bricoler le
cerveau » de celui qui l'a écrit !

Ou bien, si les boites sont plus jolies,
on va en acheter 3 au lieu d'une,
que ce soit de la nourriture ou
autre chose.

« Tiens, c'est la boite des yogourts ! »

ou bien,

« Tiens, c'est la boite des médocs,
tu en reprendra bien encore un ? »

C'est à se demander, quel genre
de livres, il est permis d'écrire,
pour être tranquille.

Dougna écrit des choses plus
civilisées, parce que les civilisés,
ne s'amusent, à aucun jeu,
absolument, aucun.

Chapitre VIII

S'il en ait, qui se croient des droits
(enfin, bref!),
il y en a, peut être,
qui se croit des devoirs ?

Et, là, bien sur, faut voir si
on les croit !

C'est toute la rationalité,
peut être, irrationnelle,
de l'humanité.

Dougna est aux Anges !

Chapitre IX

Comme il existe certaines races,
qui, dès qu'ils voient quelcun
de sympa, ils préfère lui
« marcher sur la tête »,
parce qu'ils ne savent pas, eux,
se contrôler.

On pourra difficilement admettre
une seule et unique logique,
bien entendu.

Dougna est au ravissement !

Chapitre X

Un petit air de fête, cela est de
la joie, pour les emplettes, mais
seulement, si la mode, pouvait
se donner le mot, pour nous
changer d'époque, je veut dire,
venons y, à l'époque technologique,
on a assez vu, nos vêtements
ci usités, depuis 1950.

Dougna se raisonne !

Chapitre XI

Une fille, à part les vêtements,
l'alimentation et son chien,
il n'y a pas grand-chose, qui
l'intéresse, peut être ?

Dougna ne sait pas,
ce qu'on peut construire,
avec des, peut être !

Elle s'applique à son travaille.

Chapitre XII

Dougna, Dougna, Dougnitcheka,
il ne faut pas croire,
que tout ce qui se voit,
est ce qui est.

Ne stoj Doné, Donké,
Ne stoj Doné, Donké ……..

Vesna Sucurovska
« La danse euphorique «

Scène I

Danse le soleil, danse les fleurs,
dans un firmament qui bleuit
l'horizon.

« C'est un pinceau qui s'amuse ! »
se dit Dougna.

Ainsi, il n'est que l'horizon, qui
est euphorique.

Mais, pourquoi parler du
firmament ?

Scène II

Danse le soleil, danse les fleurs,
dans un firmament qui bleuit
l'horizon.

« C'est pourtant la terre ferme ! »
se dit Dougna.

Ainsi, il n'est que la terre ferme,
qui parle d'effervaissance.

Mais, pourquoi parler du
firmament ?

Scène III

Danse le soleil, danse les fleurs,
dans un firmament qui bleuit
l'horizon.

« C'est ma merveilleuse saison ! »
se dit Dougna.

Ainsi, il n'est que la merveilleuse
saison qui garde sa raison.

Mais, pourquoi parler du
firmament ?

Seulement parce qu'il n'est qu'un
ensoleillement.